NATIONAL GEOGRAPHIC

Cuentos de PIRATAS

EDICIÓN PATHFINDER

Por Francis Downey y Sara Lorimer

CONTENIDO

Rey pirata

Los científicos buscan al verdadero Barbanegra

Por Francis Downey

LOS CIENTÍFICOS HAN ENCONTRADO un tesoro hundido frente a las costas de Carolina del Norte. No es el tesoro de un pirata, pero podría ser un antiguo barco pirata.

Los arqueólogos, científicos que estudian el pasado, creen que han encontrado el barco de Barbanegra. Tal vez sea el pirata más famoso de todos. Su barco, llamado *Venganza de la Reina Ana*, naufragó en 1718. Desde entonces, el barco ha estado perdido en el mar y en la historia.

Ahora eso está cambiando. Hasta el momento, se han traído a la superficie una campana, varios cañones y parte del casco del barco. Los objetos están ayudando a los científicos a aprender sobre la vida en un barco pirata. Naveguemos con Barbanegra y su **tripulación** para ver cómo eran sus vidas.

BARBANEGRA SABÍA cómo causar una primera impresión duradera. Una gran barba negra le cubría el rostro. Es posible que haya colocado velas encendidas bajo su sombrero. Los testigos dicen que le salían llamas de la cara y el humo le rodeaba la cabeza. Parecía que estaba en llamas.

Sagas marinas

Las increíbles historias de las aventuras pirata de Barbanegra lo seguían dondequiera que iba. Algunas eran ciertas, otras eran inventadas. A pesar de estas historias, se sabe poco acerca de él.

Los historiadores ni siquiera saben el verdadero nombre de Barbanegra, lo cual no es sorprendente. Muchos piratas se inventaban un nombre. No querían que nadie supiera quiénes eran en realidad.

Todos los registros de la época de Barbanegra lo llaman Barbanegra o Edward Teach. Sin embargo, su nombre está escrito de diferentes maneras. En algunas listas figura como Thatch, Thack o Thatche.

Buscando a Barbanegra

CANADÁ

ESTADOS UNIDOS

NORTEAMÉRICA

COLONIAS BRITÁNICAS

Lugar donde murió Barbanegra

Charleston

Naufragio del navío Venganza de la Reina Ana

OCÉANO ATLÁNTICO

Nueva Providencia

Mar Caribe

El maestro de Teach

Se sabe poco sobre Barbanegra antes de que se hiciera pirata. Nadie sabe con certeza dónde nació. La mayoría dice que nació en Inglaterra, pero algunos afirman que nació en los Estados Unidos.

Dondequiera que haya nacido, creemos saber dónde estaba en 1716. En ese momento, Barbanegra vivía en una pequeña isla llamada Nueva Providencia. Blackbeard conoció al Capitán Benjamin Hornigold, un **capitán** pirata, en la isla.

Es posible que Barbanegra se uniera a la tripulación del Hornigold. De ser así, se lanzaron a la aventura. Barbanegra aprendió todo lo que pudo de su maestro. Pronto era tan buen pirata que Hornigold le dio un barco. Los dos barcos navegaban juntos, y los capitanes piratas saqueaban todos los barcos que se les cruzaban.

Saqueo de piratas

Más tarde ese mismo año, Barbanegra vio un barco a lo lejos y rápidamente gritó las órdenes. La tripulación entró en acción. Tironearon las jarcias, o cuerdas, viraron las velas y giraron el timón. El barco viró y se apresuró a alcanzar su nuevo objetivo.

La tripulación del barco se preparó para pelear. Y lo más importante, izaron la bandera pirata. Los piratas usaban muchas banderas diferentes. Esto es porque hacían sus propias banderas. Por lo general eran negras. La más famosa, llamada Jolly Roger, tenía una calavera y unos huesos cruzados.

En cuanto los piratas se acercaron al barco, le dispararon. Un par de balas de cañón le perforó el casco. La tripulación se asustó tanto que pronto se **rindieron**. El barco, la tripulación y el cargamento ahora eran botín de los piratas.

Barbanegra se apoderó del barco capturado, al que rebautizó La venganza de la Reina Ana, en honor a una reina de Inglaterra. Barbanegra se convirtió así en capitán de varios barcos piratas.

Invitados indeseados. *El humo se eleva de un barco averiado mientras los piratas se preparan para el abordaje.*

Una vida de pirata

No era fácil ser capitán de un barco pirata. Es cierto, los capitanes estaban a cargo de los barcos, pero no eran dictadores. La tripulación los elegía. Los capitanes debían ser valientes. También tenían que ser inteligentes y despiadados. Si no lo eran, la tripulación los reemplazaba.

La vida para la tripulación de un barco pirata tampoco era fácil. Vivían y trabajaban en la cubierta de un barco. Con frecuencia, no tenían suficiente comida ni agua. Rara vez se bañaban o se cambiaban la ropa. Muchos se enfermaban. Había peleas.

Los piratas debían respetar el código pirata. Si violaban alguna regla, el castigo era duro. Los piratas nunca caminaban por la plancha. Eso es solo un mito. Sin embargo, a algunos los ataban, los tiraban por la borda y los arrastraban detrás del barco.

Los miembros de la tripulación provenían de distintos países y hablaban distintos idiomas. A pesar de esto, tenían algunas cosas en común. Todos querían hacerse ricos y todos eran delincuentes.

Puerto de escala

Los ataques piratas no siempre eran por dinero. En su aventura más famosa en 1718, Barbanegra navegó hasta el puerto de la ciudad de Charleston, en Carolina del Sur. Tomó varios prisioneros y amenazó con matarlos a menos que la ciudad le entregara medicamentos. Temiendo lo peor, la ciudad se los entregó.

En menos de dos años, Barbanegra había sitiado una ciudad y capturado más de 50 barcos. Entonces, Barbanegra decidió que ya no quería seguir siendo pirata. Hundió su barco cerca de la costa de Carolina del Norte. Por eso, el gobernador de Carolina del Norte lo **indultó** por sus crímenes.

Después de eso, Barbanegra llevó una vida de caballero. Es posible que haya vivido en una casa grande. Cenaba con el gobernador de Carolina del Norte y se casó con la hija de un hacendado acaudalado. Muchas personas lo respetaban.

El fin de un pirata

Sin embargo, Barbanegra no quería realmente una vida tranquila. Pronto se juntó con algunos miembros de su antigua tripulación y comenzó otra vez con las incursiones piratas.

Estas nuevas incursiones piratas no duraron mucho tiempo. Los piratas tenían enemigos, muchos enemigos.

El gobernador de Virginia era uno de los enemigos de Barbanegra. Envió una tripulación para matarlo. Lo encontraron en un barco con su antigua tripulación pirata. Como lo superaban en número, Barbanegra no pudo oponer demasiada resistencia. Pronto se unió a muchos otros piratas en el fondo del mar en el armario de Davy Jones.

¿Realidad o ficción?
¿Barbanegra (de pie en el centro) realmente hizo que sus hombres enterraran un tesoro? Nadie lo sabe.

La carrera de un pirata era corta. La mayoría solo duraba en alta mar dos o tres años. Barbanegra no fue la excepción. Sin embargo, mientras que los nombres de muchos piratas están ahora perdidos en el mar, la leyenda de Barbanegra perdura. En la actualidad, muchas personas consideran que Barbanegra y otros piratas eran héroes. En ese entonces, la mayoría de los marineros les temía. Los piratas fueron los forajidos más temidos de su época.

Vocabulario

capitán: persona a cargo de un barco
indulto: dejar ir sin castigo
rendirse: dejar de luchar
tripulación: personas que trabajan en un barco

RESCATANDO TESOROS PIRATA

En la noche del 26 de abril de 1717, un barco se topó con una violenta tormenta cerca de la costa de Cape Cod, Massachusetts. El barco se llamaba *Galera Whydah*. Chocó contra un banco de arena y se hundió. Todos excepto dos miembros de la tripulación se hundieron con él.

La *Galera Whydah* estuvo perdida en el fondo del océano durante 267 años. En julio de 1984, los arqueólogos descubrieron su ubicación. Desde ese momento, los arqueólogos han encontrado cientos de artefactos pertenecientes al naufragio.

Los arqueólogos conservan y estudian los artefactos para saber cómo era la vida a bordo del barco. Pero, ¿cómo exactamente se estudian los artefactos en el fondo del océano?

Esa es tarea de la arqueología submarina. Los arqueólogos submarinos estudian barcos y otros artefactos que están sepultados en el fondo del mar.

Los arqueólogos submarinos se enfrentan a muchos desafíos. ¡El más grande es respirar! Para respirar abajo del agua, deben usar tanques de oxígeno muy pesados. Esto hace que su trabajo sea difícil y lento. ¡Sigue leyendo para saber qué otros desafíos deben enfrentar!

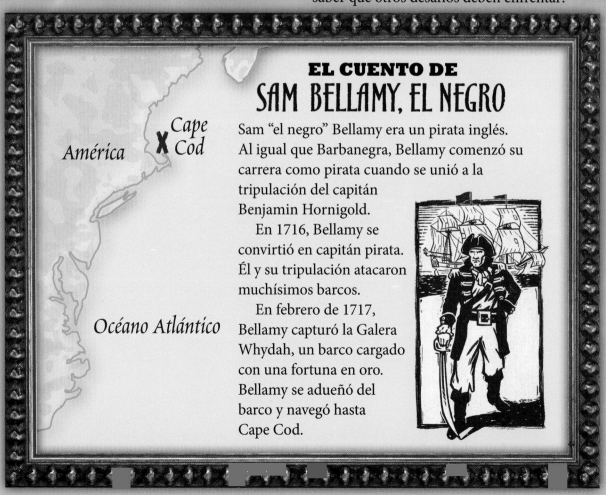

EL CUENTO DE
SAM BELLAMY, EL NEGRO

América X Cape Cod

Océano Atlántico

Sam "el negro" Bellamy era un pirata inglés. Al igual que Barbanegra, Bellamy comenzó su carrera como pirata cuando se unió a la tripulación del capitán Benjamin Hornigold.

En 1716, Bellamy se convirtió en capitán pirata. Él y su tripulación atacaron muchísimos barcos.

En febrero de 1717, Bellamy capturó la Galera Whydah, un barco cargado con una fortuna en oro. Bellamy se adueñó del barco y navegó hasta Cape Cod.

Estas monedas de oro y joyas son tesoros del Whydah.

1

¿Cómo encuentran los arqueólogos los artefactos? Aquí vemos cómo un arqueólogo usa una lámpara y un detector de metales (derecha) para encontrar pequeños objetos del Whydah, como por ejemplo monedas y joyas.

2

¿Cómo desentierran los artefactos los arqueólogos? Quitan la arena barriéndola cuidadosamente a medida que descubren artefactos. Aquí vemos cómo un arqueólogo descubre partes del casco del Whydah.

3

¿Cómo sacan los arqueólogos los artefactos del agua? Les atan sogas y bolsas de aire. Cuando las bolsas flotan hacia la superficie, acarrean los artefactos con ellas. Aquí tenemos a un arqueólogo que observa mientras un pequeño cañón del Whydah sube hasta la superficie.

4

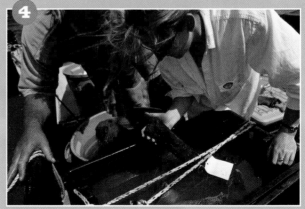

¿Cómo protegen los arqueólogos los artefactos? Los almacenan en baldes con agua. Esto evita que se sequen. Aquí, un arqueólogo examina un pedazo de madera del Whydah.

Mujeres pira

Por Sara Lorimer

Siempre ha habido mujeres y muchachas pirata. La piratería ofrecía a las mujeres libertades que se les negaban en tierra. Además, no había que llevar adelante un hogar, no había familia que cuidar ni orinales que vaciar. En alta mar, las mujeres administraban su tiempo como querían y lo pasaban bebiendo, apostando, navegando, comiendo y saqueando. Algunas mujeres pirata siguieron a sus novios y se hicieron piratas. Otras probaron luego de pasar tiempo en el ejército (disfrazadas de hombres). Otras tantas siguieron con la tradición familiar.

Mary Read y Anne Bonney

REINO DEL TERROR: EL CARIBE, A PRINCIPIOS DE LOS AÑOS 1700

X Después de que murió su marido, Mary Read necesitaba dinero. Así que se enlistó como marinero en un barco mercante que zarpaba hacia las Indias Occidentales. Cuando el barco llegó al Caribe, los piratas ingleses se apoderaron de él. Le dieron a Mary la posibilidad de elegir: unírseles o morir. Mary se convirtió oficialmente en pirata.

Pronto tuvo la oportunidad de demostrar sus habilidades para batirse a duelo. Por miedo a que su novio en el barco muriera en un duelo, Mary se peleó con el retador y organizó un duelo ella misma, dos horas antes que el de su amado. Derrotó al otro pirata sin sufrir un rasguño.

Mary conoció a Anne Bonney, que había escapado a alta mar con un pirata impetuoso llamado Jack el Calicó, cuando las dos mujeres terminaron en el barco de Jack. Juntas atacaron otros barcos, robando en su mayor parte artículos pequeños como equipos de pesca y comida. A pesar de la naturaleza menor de sus saqueos, las autoridades inglesas emitieron una proclama que declaraba a Jack y a las chicas "Enemigos de la Corona de Gran Bretaña".

Luchadora temible
Mary Read gana un duelo contra un contrincante masculino.

Rachel Wall

REINO DEL TERROR: COSTA DE NUEVA INGLATERRA , FINALES DE LOS AÑOS 1700

X Rachel Wall navegó por la costa de Maine con su marido, George, y su tripulación. Después de las tormentas, anclaban el barco e izaban una bandera de socorro. Cuando quienes pasaban respondían a los gritos de ayuda de Rachel, los atacaban por haberse tomado la molestia. En dos veranos de piratería, Rachel y George mataron a 24 hombres, tal vez más, y se embolsaron $6000 en efectivo, además de una cantidad desconocida de bienes valiosos. Más tarde vendieron su botín simulando que lo habían encontrado en una playa traído por la corriente.

Cheng I Sao

REINO DEL TERROR: MAR DEL SUR DE CHINA, 1801–1810

X La mayor pirata de todos los tiempos (según las cifras) fue Cheng I Sao, que comandó una flota de 2000 barcos en el Mar del Sur de China. Cheng I Sao, a veces conocida como Madame Cheng, se volcó al crimen cuando se casó con un famoso pirata. Más de 80.000 piratas, hombres, mujeres y niños, obedecían las órdenes de Madame Cheng. Conseguían el botín de diversas maneras: vendiendo "protección" de ataques piratas, saqueando barcos y mediante secuestros. Madame Cheng pagaba a sus piratas en efectivo por los premios que traían de sus ataques.

EL DELITO NO ES NEGOCIO, ni siquiera en alta mar, ¿o sí lo es? Mary Read y Anne Bonney fueron capturadas en 1720. Mary murió de fiebre mientras estaba en prisión. No se sabe qué sucedió con Anne. Finalmente, la ley también alcanzó a Rachel Wall. En 1789, pasó a la historia por ser la última mujer ejecutada en Massachusetts. Sin embargo, todos los intentos del gobierno por detener a Madame Cheng fracasaron. Dicen los rumores que, después de retirarse de la piratería, se embarcó en una segunda carrera como contrabandista. Murió pacíficamente a los 69 años.

Tesoro pirata

Responde estas preguntas para descubrir tu propio tesoro pirata.

1 ¿Por qué es importante encontrar el barco de Barbanegra?

2 ¿Cómo se convirtió Barbanegra en pirata? Enumera los eventos en orden.

3 Describe la vida de Barbanegra después de retirarse. ¿Por qué regresó a la piratería?

4 ¿Por qué es difícil la arqueología submarina?

5 ¿Por qué algunas mujeres se hacían piratas? ¿Qué les ocurría a los piratas: hombres y mujeres?